Inhaltsverzeichnis

9783834423610

Klassenliste

Name	Name	Name

Ein Junge hat den 4. Buchstaben des ABCs vorn und hinten im Namen.
Das Mädchen in der Mitte hat drei Selbstlaute im Namen.
Der Name des Jungen rechts fängt mit dem 7. Buchstaben im ABC an.

 Schreibe die Namen der Kinder.

Jeder kann etwas anderes

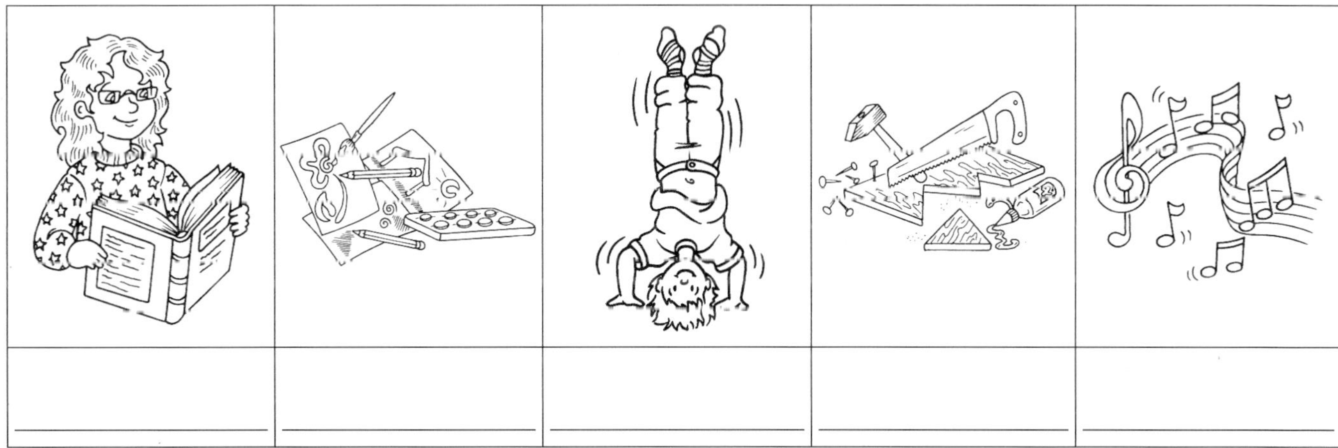

Mona kann nicht gut basteln, lesen, malen und singen.
Lisa mag keine Musik, keinen Sport und bastelt nicht gern.
Leo ist sehr kreativ und möchte einmal Grafiker werden.
Maja ist sehr musikalisch. Erik möchte einmal Schreiner werden.

Was kann jeder am besten? Schreibe die Namen der Kinder.

3

Im Schulgarten

harkt Blätter zusammen.	gießt Blumen.	pflanzt einen Strauch.

Der eine Junge wässert die Blumen. Es ist nicht Luis.
Ein Mädchen gräbt ein Loch und pflanzt einen Strauch.
Der andere Junge harkt Blätter zusammen. Es ist nicht Max.
Das Mädchen heißt Bettina.

 Male, was die Kinder tun. Schreibe ihren Namen.

4

Pausenspiele

klettert gern.	hüpft gern.	rennt gern.

Nicole spielt in den Pausen gern allein.
Anja rennt nicht um die Wette und springt nicht mit dem Seil.
Pascal mag Seilspringen nicht und klettert auch nicht gern.

 Schreibe die Namen der Kinder.

Die Bus-Fahrkarte

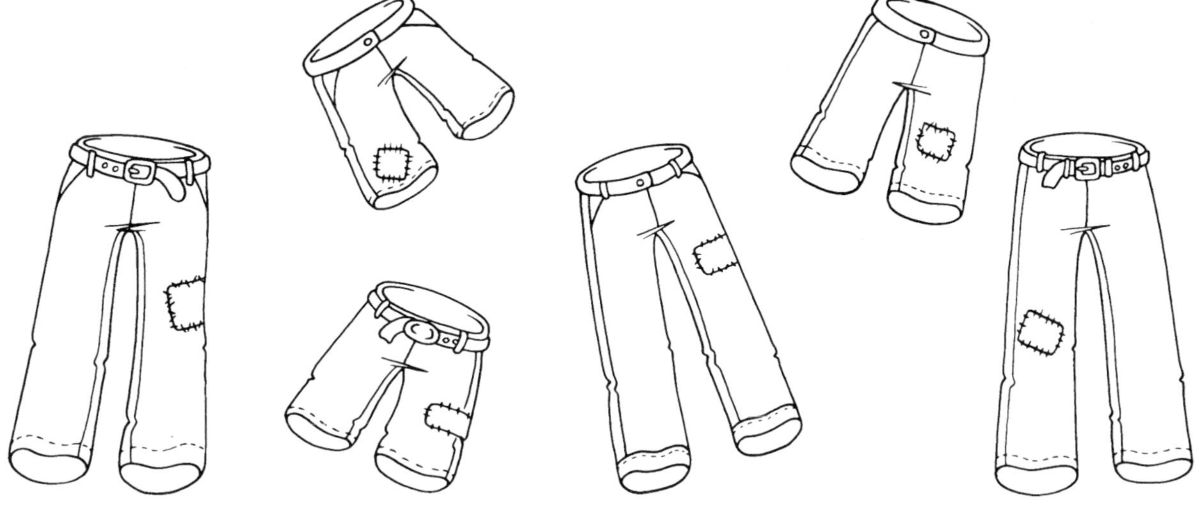

Lea sucht ihre Bus-Fahrkarte. Sie sagt:
„Die Bus-Fahrkarte ist in einer Hosentasche versteckt. Auf einem Hosenbein ist ein Flicken. Der Flicken ist am linken Bein. Die Hose ist nicht kurz und hat keinen Gürtel.“

 Wo ist die Bus-Fahrkarte versteckt? Kreise die Hose ein.

Unsere Sinne

Wer sorgt dafür, dass uns der Wecker morgens wach macht?	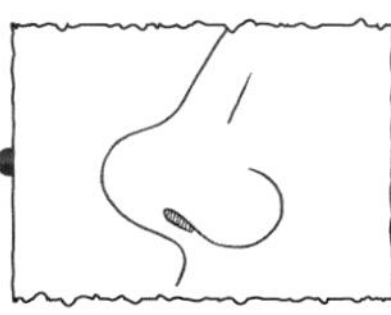	der Geruchssinn
Wer sagt uns, ob etwas süß, salzig, bitter oder sauer ist?		der Geschmacks-sinn
Wer warnt uns davor, dass wir keine saure Milch trinken?	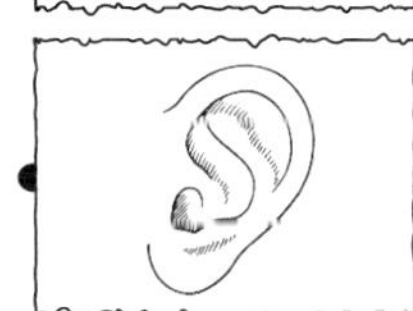	der Tastsinn
Wer hilft uns, im Dunkeln etwas zu fühlen und zu erspüren?	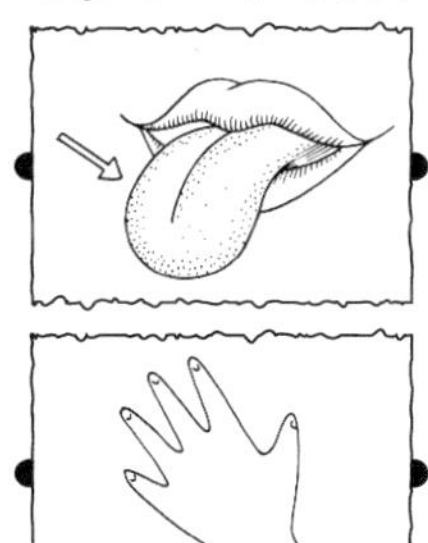	der Gehörsinn
Wer warnt uns davor, dass wir nicht auf ein Hindernis laufen?		der Sehsinn

 Verbinde.

Fantasie-Reisen

Name	Name	Name

Pia möchte weder auf einer Insel sein, noch als Riese die Welt umlaufen.
Niklas möchte weder zum Mann im Mond, noch auf eine Insel fahren.
Paula möchte weder zum Mond reisen, noch die Welt in Riesenschritten umlaufen.

 Wer träumt wovon? Schreibe die Namen der Kinder.

Zeit wird gemessen

Wie schnell du rennst, wird nicht mit einem Kalender gemessen.
Wie Tage, Wochen und das Jahr vergehen, misst nicht die Sanduhr.
Wann du aufstehen musst, sagt dir nicht die Stoppuhr.
Wie viel Zeit du bei manchen Spielen hast, sagt dir nicht der Wecker.

Schreibe auf, wie die Zeit gemessen wird.

Ach, du liebe Zeit!

Eine Eiskugel fallen lassen dauert keine Minute.

Die Hälfte eines Films im Kino dauert keine Sekunde.

Zwei Werbespots dauern keine Stunde.

Sekunde

Minute

Stunde

Einkaufen im Supermarkt dauert keine Minute.

„Aua!“ schreien dauert keine Stunde.

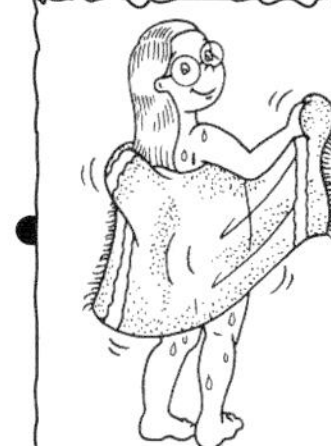

Abtrocknen nach dem Baden dauert keine Sekunde.

Verbinde zur richtigen Zeit-Einheit.

Vorbild Natur

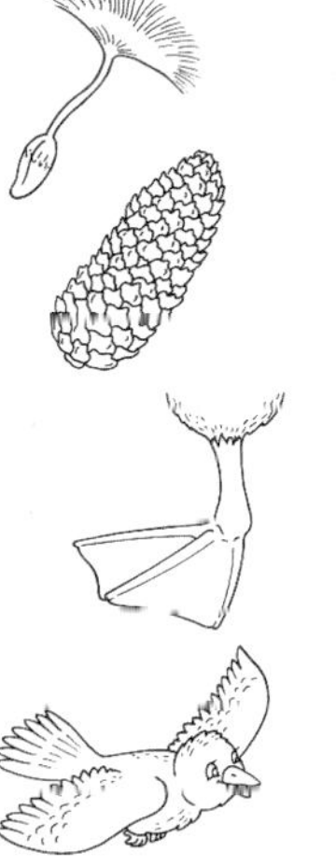

Es hilft beim Schwimmen.

Es hilft beim Zusammenkneifen.

Es kreiselt wie ein Propeller.

Es schwebt langsam zur Erde.

Es gleitet gut in der Luft.

Es schützt vor Nässe und Wind.

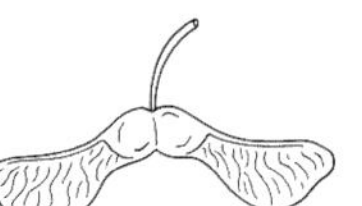

Verbinde. Zu jedem Satz passen zwei Bilder.

Der neue Schüler

Der Neue hat auf einem Ärmel einen schwarzen Fleck. Er trägt Hosenträger mit dunklen Knöpfen. Auf seiner Hose sind zwei Flicken aufgebügelt. Ein Flicken ist einfarbig und einer ist gestreift. Seine Socken haben keine schwarzen Spitzen.

 Kreise den neuen Schüler ein.

Manche sind anders

____________ ist ____________.	____________ ist ____________.	____________ ist ____________.

Ellen spricht zu ihren Freunden mit den Händen. Sie ist nicht schwerhörig. Niki tastet sich mit einem Stock über die Straße. Er ist nicht taubstumm. Nora trägt einen kleinen Verstärker hinter dem Ohr. Sie ist nicht blind.

Schreibe die Namen der Kinder und welche Behinderung sie haben.

In der Bücherei

Buch			
Name			

Das Buch, das Amy ausleiht, steht links im Regal.
Orkan leiht sich weder das Buch „Conni“ noch „Sams“ aus.
Hanna liest weder „Conni“ noch „Findus“.
Orkans Buch steht rechts.

 Schreibe die Namen der Kinder und die Titel der Bücher.

Pausen-Frühstück

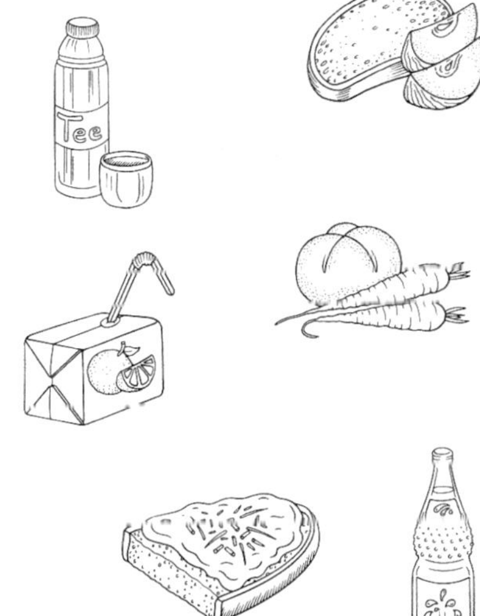

Lilo isst kein Brot mit Frischkäse, sie trinkt auch kein Mineralwasser.
Irmi isst kein Brot mit Apfelschnitzen, sie trinkt aber ungesüßten Tee.
Andi trinkt keine Fruchtsaftschorle, er isst aber ein Brötchen mit Karotten.

 Verbinde, was die Kinder essen und trinken.

Krankheitstage

Name				

Dennis lag einen ganzen Tag mit Bauchschmerzen im Bett.
Sonja fehlte am Donnerstag wegen Ohrenschmerzen im Unterricht.
Uli konnte zwei Tage vor Sonja wegen Fieber nicht zur Schule gehen.
Einen Tag nach Uli blieb Katja mit Kopfschmerzen zu Hause.

 Schreibe, wer an welchem Tag fehlte.

Mensa-Essen

Wochenkarte	
MO	Suppe
DI	Pizza
MI	Spaghetti
DO	Tofuburger
FR	Fischstäbchen

Klasse 2 isst jeden Tag in der Mensa.
Gestern gab es Pizza.
Heute gibt es

______________________ .

Morgen essen die Kinder

______________________ .

Vorgestern aßen sie

______________________ .

Übermorgen isst die Klasse

______________________ .

Schreibe auf, was die Kinder jeden Tag essen.

Halloween-Basteleien

Mutter näht aus weißen Taschentüchern ein Monster mit Lachmund.

Das bastelt

________________.

Nina malt auf Tonpapier einen Kürbis und stellt eine Teeleuchte darauf.

Das bastelt

________________.

Robin bastelt aus Karton eine schwarze Fledermaus mit weißen Augen.

Das bastelt

________________.

Verbinde und schreibe, wer was bastelt.

Ein Geschenk zum Muttertag

Inka kauft	Clara schenkt	Pit schenkt
________________.	________________.	________________.

Pits Sparschwein ist nicht grün und nicht rot. Er kauft Mutter kein Parfüm. Claras Sparschwein ist nicht rot und nicht blau. Sie kauft keine Pralinen. Inka kauft ihrer Mutter Blumen. Ihr Sparschwein ist weder grün noch blau.

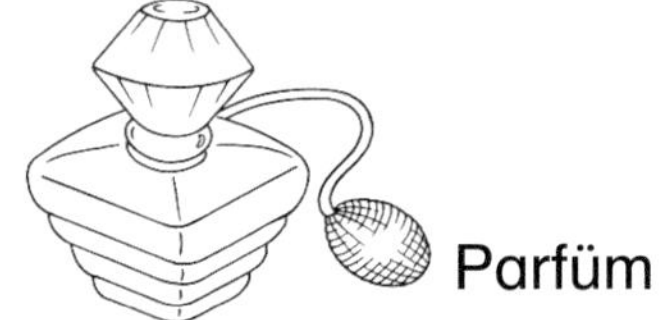

Parfüm

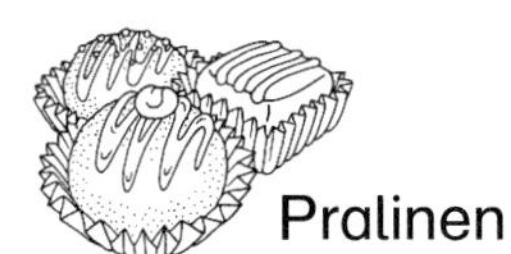

Pralinen

Blumen

Male die Sparschweine an und schreibe, was die Kinder ihrer Mutter schenken.

Ausflug mit dem Rad

Heike und Benni fahren mit ihren Eltern Rad.
Heike fährt hinter Benni.
Vor Benni radelt Mutter.
Mutter fährt nicht als Vorletzte.
Heike fährt vor Vater.
Paco, der Dackel, rennt allen voran.

 Kreuze die richtige Reihenfolge an.

Manchmal sind wir krank

Tanja geht mit ihrer Mutter zum ______________.	Sabine geht mit ihrer Mutter zum ______________.	Luba geht mit ihrer Mutter zum ______________.

Sabine hat keine Halsschmerzen.
Tanja hat kein Zahnweh.
Luba hat weder Zahnweh noch Ohrenschmerzen.

Ohrenarzt

Zahnarzt

Kinderarzt

 Schreibe, zu welchem Arzt die Kinder gehen.

21

Mein Lieblingsspiel

Name			
Spiel			

Vater spielt nicht mit bunten Holzstäben.
Silvia ist nicht links, rechts von ihr ist Bea.
Silvia spielt nicht mit Würfeln und Block.
Vorsichtig hebt Bea einen Stab ab.

4 gewinnt

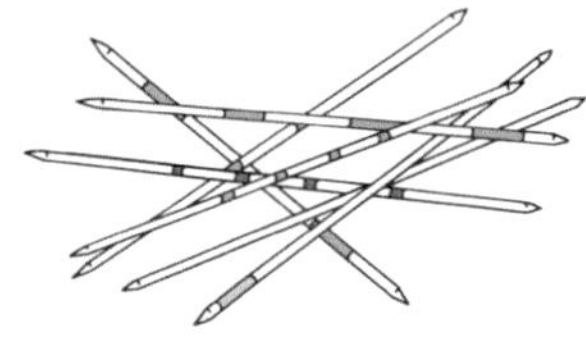

Mikado

Kniffel

 Schreibe, wer welches Spiel spielt.

22

Schattenspiele

Mit Arm und Händen formt Vater den langen Hals, den Kopf und den offenen Schnabel.

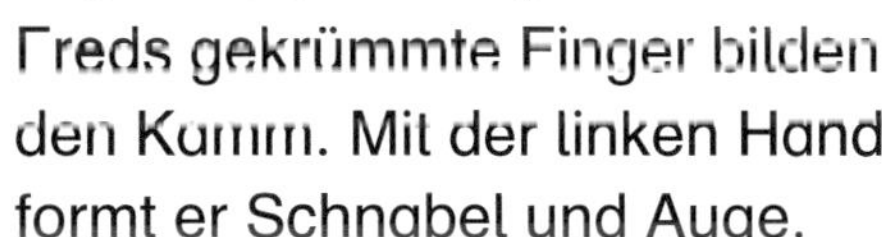

Freds gekrümmte Finger bilden den Kamm. Mit der linken Hand formt er Schnabel und Auge.

Opas Hände bilden fast Fäuste. Ein Daumen formt das Ohr, der andere das Maul.

Mutters rechte Hand formt das Gesicht. Die Finger der linken Hand spreizt sie für das Geweih.

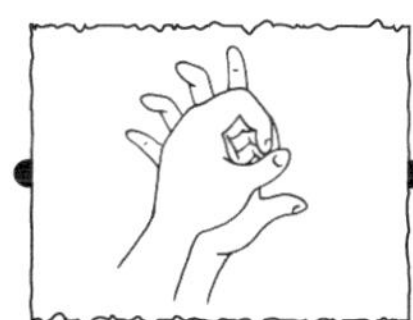
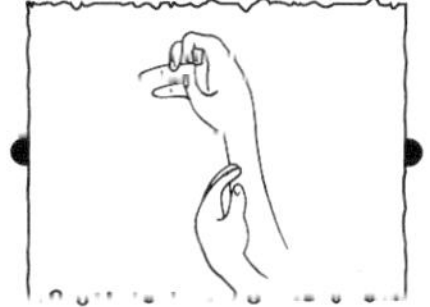

 Verbinde.

23 Haushalt – früher und heute

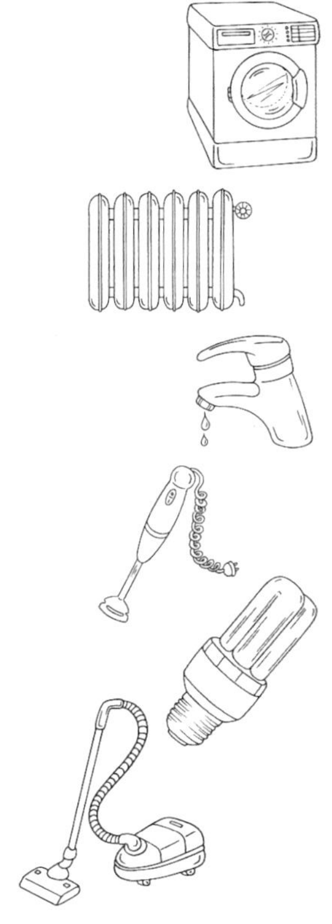

zum Säubern und Reinigen der Wäsche

zum Löschen des Durstes, zum Spülen und zum Kochen

zum Beheizen während der kalten Jahreszeit

zum Reinigen von Schmutz und Staub in der Wohnung

zum Backen und Kochen, für Soßen und Suppen

zum Erhellen der Dunkelheit am Abend und in der Nacht

Verbinde. Zu jedem Hinweis passen zwei Bilder.

24 Alle packen mit an

Mutter putzt weder Schuhe noch deckt sie den Tisch. Sie bügelt und spült nicht, hat keinen Müll- und Blumen-Dienst.

Vater kocht und wäscht nicht. Er putzt keine Schuhe, leert keinen Müll, gießt weder Blumen noch deckt er den Tisch.

Anita kocht, spült, wäscht und bügelt nicht. Auch putzt sie keine Schuhe und leert auch nicht den Müll.

Heiko wäscht und bügelt, kocht und spült nicht. Auch deckt er keinen Tisch und gießt auch keine Blumen.

Jeder hat zwei Aufgaben. Verbinde.

Jeder hat seine Lieblingsspeise

Name				
isst am liebsten				
mag gar nicht				

Biggi mag kein Geflügel. Micha sitzt rechts, links von ihm sitzt sein Vater.
Biggi sitzt zwischen Vater und Mutter.
Micha mag keine Pommes. Mutter kann Pizza nicht riechen.
Vom Fisch wird Vater schlecht.

Schreibe die Namen und was jeder am liebsten mag.

Unsere Familie

Ihre Oma heißt ________.	Ihre Tante heißt ________.	Ihr Cousine heißt ________.
Ihr Opa heißt ________.	Ihre Onkel heißt ________.	Ihr Cousin heißt ________.

Romy und Oscar Müller sind Geschwister.

Ihre Eltern heißen Sonja und Jan.
Paula ist die Schwester von Sonja.
Heiner ist der Bruder von Jan.
Die Eltern von Sonja heißen Adele und Karl.
Paula hat eine Tochter namens Sabine.
Heiners Sohn heißt Stefan.

Schreibe die Namen der Familien-Mitglieder.

Städte-Reisen

	Sandra	Nicole	Marco	Luis
Stadt				
Verkehrsmittel				

Sandra macht mit dem Auto Urlaub, aber nicht in Berlin.
Nicole fährt weder mit Bahn noch mit Bus nach Amsterdam.
Marco nimmt weder den Zug noch das Flugzeug nach Berlin.
Luis fliegt nicht mit dem Flugzeug nach London.

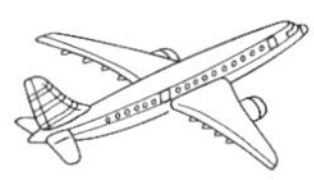
Flugzeug

Bus

Zug

Auto

 Schreibe, wer in welche Stadt reist und mit welchem Verkehrsmittel.

Was Hunde mögen

Robertos Hund heißt	Jasmins Hund heißt	Toms Hund heißt
______________.	______________.	______________.

Elvis geht nicht gern angeleint, mag keinen Kamm und keine Bürste.
Kalle rennt nicht gern und mag auch nicht, wenn sein Fell gepflegt wird.
Mara geht nicht gern spazieren, mag es aber, wenn ihr Fell schön glänzt.

 Schreibe, wie die Hunde heißen.

Hunde-Sprache

Hasso sagt:	Hasso sagt:	Hasso sagt:
„______________	„______________	„______________
______________!“	______________!“	______________!“

Manchmal fletscht Hasso die Zähne und stellt den Schwanz waagrecht.
Manchmal macht Hasso einen Buckel und zieht den Schwanz ein.
Manchmal springt Hasso hoch und wedelt mit dem Schwanz.

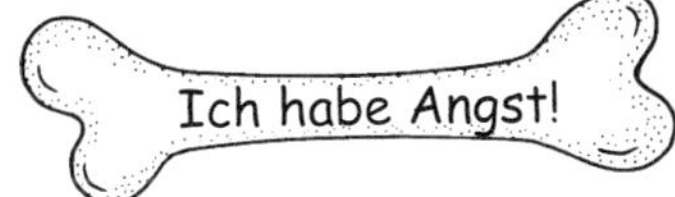

 Schreibe, was Hasso dir sagen will.

Such-Hunde

Der Hund heißt	Der Hund heißt	Der Hund heißt
______________.	______________.	______________.

Coco hat braunes Fell und einen roten Napf. Er sitzt nicht rechts.
Bobby hat schwarzes Fell und einen grünen Napf. Er sitzt in der Mitte.
Das Fell von Lucky ist weiß mit schwarzen Flecken. Sein Napf ist lila.

 Schreibe die Namen der Hunde. Male sie und ihre Näpfe an.

Helfer des Menschen

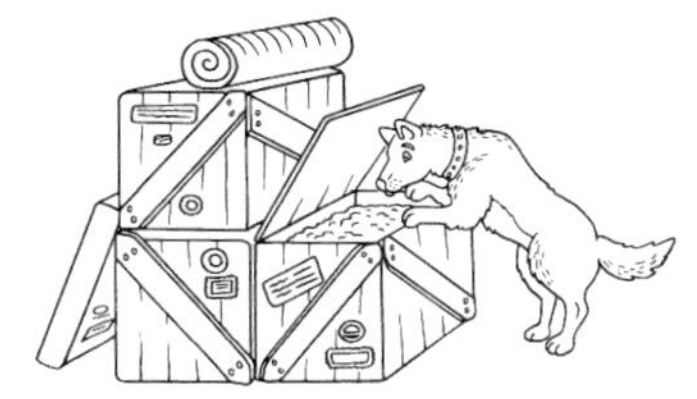

Der Hund heißt ____________.	Der Hund heißt ____________.	Der Hund heißt ____________.
Er ist ein ____________.	Er ist ein ____________.	Er ist ein ____________.

Carlo sucht nach einem Erdbeben nicht nach verschütteten Menschen.
Blinde Menschen über die Straße zu führen, ist nicht die Aufgabe von Rex.
Blacky hilft den Zollbeamten bei ihrer Suche nach versteckten Drogen.

 Zollhund

 Suchhund

 Blindenhund

 Schreibe, wie die Hunde heißen und um welchen Helferhund es sich handelt.

32

Tierfamilien

	Tiermutter	Tierkind	Tiervater
Pferde			
Rinder			
Hühner			

Eine Kuh bekommt ein Kalb.
Der Tiervater des Fohlens heißt Hengst.
Aus den Eiern der Henne schlüpfen Küken.
Der Tiervater ist ein Bulle.
Die Stute bringt das Fohlen zur Welt.
Der Vater vom Küken heißt Hahn.

 Schreibe, wie die Tiermutter, das Kind und der Tiervater heißen.

Tiere im Wald

„Mein Tier frisst Gras, Kräuter, Wald- und Feldfrüchte. Es ist sehr scheu. Sein Fell ist braun.“	„Mein Tier frisst Eicheln, Bucheckern, Pilze und Samen. Es durchwühlt den Waldboden.“	„Mein Tier frisst Nüsse, Samen von Zapfen, Eicheln, Beeren und Pilze. Es legt sich einen Wintervorrat an.“
Lenas Tier ist ein ______________________.	Udos Tier ist ein ______________________.	Maries Tier ist ein ______________________.

Hase Wildschwein Reh Fuchs Eichhörnchen Dachs

 Kreise die Tiere ein und schreibe, wie sie heißen.

Im Dino-Park

Er wog mehr als 10 Elefanten. Er war der größte und schwerste Saurier und 23 m lang und 13 m hoch.	Sein Kopf war so lang wie ein Schülertisch. Er hatte Zähne wie Sägeblätter und wog so viel wie 6 Autos.	Ein dicker Knochenpanzer und ein riesiger Knochenschild schützte ihn vor Feinden.
Der Dinosaurier heißt ______________________ ______________________.	Der Dinosaurier heißt ______________________ ______________________.	Der Dinosaurier heißt ______________________ ______________________.

Tyrannosaurus Rex
(König der Tyrannen-Echsen)

Triceratops
(Dreihorngesicht)

Brachiosaurus
(Arm-Echse)

 Schreibe die Namen der Saurier.

Lieblingstiere

Benni				
Carmen				
Tilo				
Özlem				

Tilos Lieblingstier ist viel schwerer als das von Carmen.
Özlems Lieblingstier hat Streifen, frisst aber keine Pflanzen.
Nach Bennis Lieblingstier ist der Fußgänger-Überweg benannt.

Wer hat welches Lieblingstier? Kreuze an.

Im Streichelzoo

	Mutter	Kirsten	Robert
Tiere			
Futter			

Mutter füttert weder die Waldtiere noch die Wassertiere.
Kirsten füttert nicht am See, sie hat Eicheln mitgebracht.
Robert gibt den Tieren keine Karotten, sondern klein geschnittenes Brot.

Rehe

Esel

Enten

Schreibe, wer welches Tier womit füttert.

Tierpfleger Heinz

Heinz trägt einen Eimer. Er hat einen gestreiften Pulli und eine Latzhose an. Er sitzt nicht und er läuft auch nicht nach links. Er ist weder dick noch dünn.
Heinz trägt einen Bart, er hat keine Brille, aber eine karierte Mütze auf.

 Kreise den Tierpfleger Heinz ein.

Gemeinsam geht es besser

Die zwei Freunde heißen	Die zwei Freunde heißen	Die zwei Freunde heißen
______________	______________	______________
und ____________.	und ____________.	und ____________.

Caro und Hasan fahren gemeinsam viele Kilometer.
Carina und Leon fahren weder mit dem Fahrrad noch auf Rollen.
Anna und Nils fahren nicht auf Kufen oder Reifen durch den Park.

 Schreibe die Namen der beiden Freunde.

Was ich mag

____________________	____________________	____________________
mag am liebsten	mag am liebsten	mag am liebsten
____________________.	____________________.	____________________.

Sofia mag gern Musik und PC-Spiele, lieber pflanzt sie aber Blumen. Till mag PC-Spiele und Blumen, am liebsten hört er aber Pop-Musik. Alex mag Blumen und Pop-Musik, am liebsten spielt er aber am Computer.

 Schreibe die Namen der Kinder und was sie am liebsten mögen.

Trösten

____________________	____________________	____________________
tröstet ____________.	tröstet ____________.	tröstet ____________.

Ingo weint, weil sein Daumen schmerzt und ganz dick und blau ist. Jenny weint und hat Schmerzen am Bein, weil sie mit dem Rad gestürzt ist. Laura schreit vor Schmerzen, weil sie sich die Schulter gezerrt hat.

 Paul

 Max

 Kira

Wer tröstet wen? Schreibe die beiden Namen.

Was wir früher spielten

Mit der Eisenbahn spielte am liebsten	Mit der Ritterburg spielte am liebsten	Mit dem Teddy spielte am liebsten	Mit dem Brettspiel spielte am liebsten
________.	________.	________.	________.

Felix spielte als Kind keine Brettspiele, auch nicht mit Plüschtieren.
Ritterspiele waren Kim zu wild, sie mochte Brettspiele und gewann meist.
Jette setzte keine Schienen zusammen und spielte auch nicht mit Rittern.
Toni fand Schmusetiere langweilig, er wollte viel lieber Lokführer sein.

 Schreibe die Namen der Kinder.

Ich lasse mir helfen

________	________	________
hilft ________.	hilft ________.	hilft ________.

Ida hat Angst vor Rechnen. Sie will keine Aufgaben machen.
Lasse soll sein Zimmer aufräumen. Er ist böse auf Mutter.
Marvin will sein Rad reparieren, aber er schafft es nicht.

 Petra  Celine  Leonie

Schreibe die Namen der Kinder.

Ein Instrument spielen

____________	____________	____________
spielt ____________.	spielt ____________.	spielt ____________.

Steffi spielt kein Streich- und kein Schlaginstrument.
Lukas mit der Brille spielt kein Streich- und kein Blasinstrument.
Jannik haut nicht auf die Pauke und spielt auch keine Flöte.

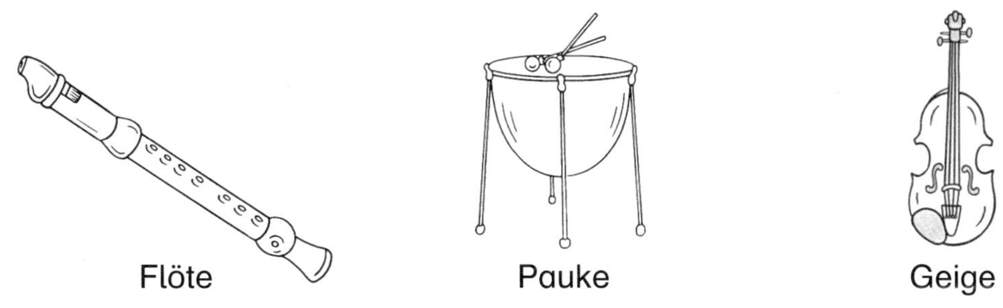

 Schreibe die Namen der Kinder und welches Instrument sie spielen.

Einladung zum Kinderfest

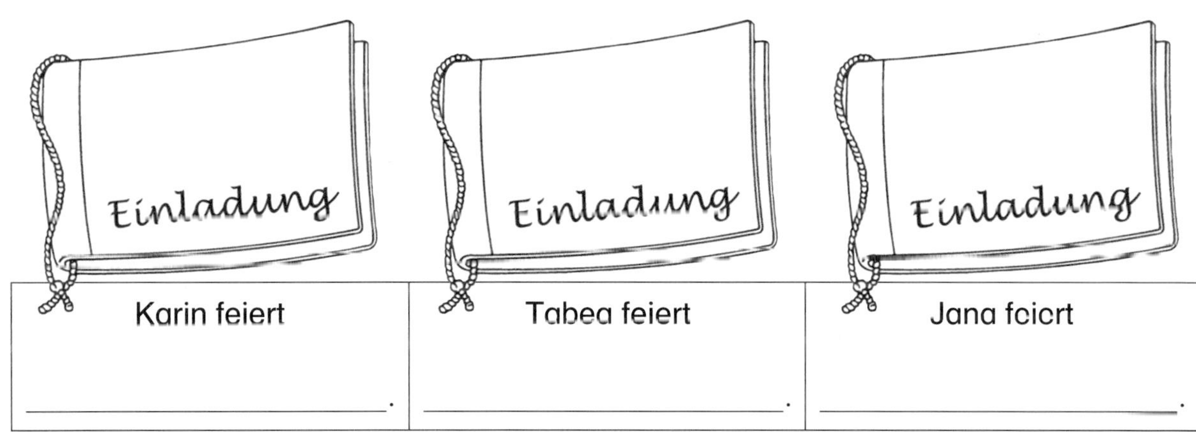

Karin feiert	Tabea feiert	Jana feiert
____________.	____________.	____________.

Karin malt auf ihre Einladungskarte keinen Kürbis und keinen Clown.
Auf der Einladungskarte von Tabea ist kein Kürbis und kein Kuchen.
Für ihre Karte malt Jana keinen Kuchen und keinen Clown.

 Fasching  Halloween  Geburtstag

 Male das passende Bild auf die Karten. Schreibe, zu welchem Fest die Kinder einladen.

Nach der Schule

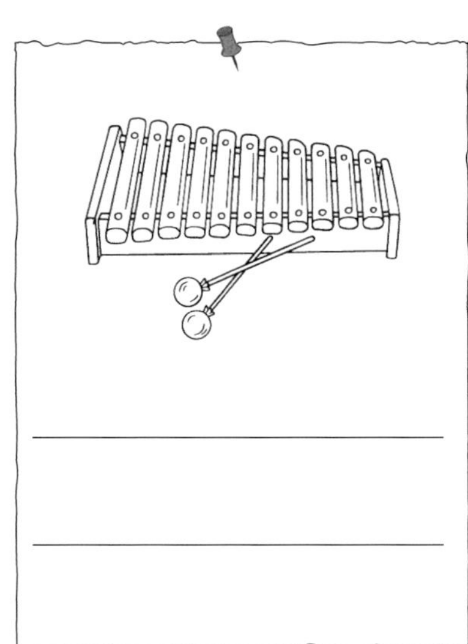

Niko und Ben verbringen ihre Freizeit an der frischen Luft.
Fatma und Oskar spielen weder Fußball, noch lernen sie Noten.
Michelle ist unsportlich, aber sehr musikalisch.
Joko mag keine Ballspiele und hat Angst vor großen Tieren.

 Schreibe auf das Plakat, wer in seiner Freizeit was macht.

Gefühle

- Elif stampft auf den Boden und ballt die Hand zur Faust.
- Kurt strahlt, weil er ein gutes Zeugnis bekommen hat.
- Svea ist unglücklich, weil keiner mit ihr spielt.
- Kati grinst, weil sie Vater in den April geschickt hat.
- Sprachlos reißt Rocco Augen und Mund weit auf.
- Boris krümmt sich vor Lachen über die Späße des Clowns.

- glücklich
- wütend
- verschmitzt
- traurig
- erschrocken
- fröhlich

 Verbinde.

Im Verein

Sportart			
Name	______	______	______
Wie viele Jahre im Verein?	______	______	______

Nelly hat ihr Hobby seit vier Jahren.
Thea wirft den Ball nicht in einen Korb.
Anne berührt den Ball nicht mit der Hand oder dem Schläger.
Anne ist seit drei Jahren, Thea ist schon zwei Jahre länger im Verein.

 Schreibe die Namen der Kinder und wie viele Jahre sie schon im Verein sind.

Wo Kinder wohnen

Antje wohnt in einem ______.	Nuri wohnt in einer ______.	Iman wohnt in einem ______.
Ihr Haustier ist ein ______.	Ihr Haustier ist ein ______.	Sein Haustier ist ein ______.

Imans Familie zieht durch die Wüste. Sein Haustier ist kein Hund.
Antjes Haustier ist kein Schwein. Sie lebt in Holland auf einem Fluss.
Nuri hat kein Kamel und keinen Hund. Sie lebt in einem Dorf in Afrika.

Lehmhütte

Zelt

Hausboot

 Schreibe, wo die Kinder wohnen und welches Tier sie haben.

Alle Kinder sagen „Eis“

Die Fahne in Spanien ist rot-gelb-rot. Dort heißt es nicht „ice-cream“.
In England heißt es nicht „gelato“ und nicht „helado“.
Die Fahne in Italien ist grün-weiß-rot. Dort heißt es nicht „helado“.
Die englische Fahne ist blau, die inneren Streifen sind rot.

 Schreibe, wie „Eis“ in den Ländern heißt, und male die Fahnen an.

1, 2, 3 und 4 – klingt immer anders

Italienische Kinder zählen nicht: „one, two, three, four“.
Englische Kinder zählen nicht: „bir, iki, üc, dört“.
In England und in der Türkei sagt man nicht: „uno, due, tre, quattro“.

Schreibe, wie man in den Ländern zählt.

Guten Morgen sagen alle

Elif spricht	Bob spricht	Giovanni spricht
______________.	______________.	______________.

Bob sagt „Good morning!“. Er spricht weder türkisch noch italienisch.
Elif sagt: „Merhaba!“. Sie spricht weder englisch noch italienisch.
Giovanni ruft: „Buon giorno!“. Er spricht weder englisch noch türkisch.

 Schreibe, wie „Guten Morgen“ heißt und welche Sprache jedes Kind spricht.

---

52 Was wir nicht mögen

Vanessa hat Heuschnupfen. Sie mag nicht, wenn die ersten Bäume blühen.

Enes läuft nicht gern bei Schnee, Eis und Kälte zur Schule.

Tim mag keine Hitze, weil er nicht zusammen mit seinen Freunden ins Freibad kann.

Moritz mag nicht, wenn die Blätter fallen, weil es dann auf dem Gehweg rutschig ist.

 Verbinde die Bilder links und rechts zu den Sätzen.

Im Winter

baut einen Schneemann.	fährt Schlittschuh.	wirft mit Schneebällen.

Siska wirft nicht mit Bällen aus Schnee.
Jan baut keinen Schneemann und fährt auch nicht auf dem Eis.
Corinna mag nicht mit Schnee bauen und nicht mit ihm werfen.

 Schreibe die Namen.

Lange Wintertage

Manche sausen durch frisch gefallenen Schnee.

Manche stechen Formen aus Teig aus.

Manche spielen trotz Kälte mit dem Schnee draußen.

Manche freuen sich, wenn aus Wasser Eis wird.

Manche sitzen zusammen und wollen nicht verlieren.

Manche hören aufmerksam zu und lernen viel dabei.

Sie erzählen Geschichten.

Sie bauen einen Schneemann.

Sic backen Kekse.

Sie fahren Schlitten.

Sie fahren Schlittschuh.

Sie spielen Spiele.

 Verbinde.

Faschingsparty

______ tanzt mit ______.	______ tanzt mit ______.	______ tanzt mit ______.

Emre, der Indianer, tanzt nicht mit Mia im Zaubererkostüm.
Mario mit der Perücke tanzt nicht mit der zarten Elfe Cora.
Timo, das Drachenkind, tanzt nicht mit dem Häschen Beate.

 Schreibe die Namen der Kinder, die miteinander tanzen.

Osternester

Name			
Geschenk			

In einem Nest liegt ein Schokohase.
Das Nest rechts gehört nicht Ella.
Das Osternest in der Mitte gehört Fabio.
In Uwes Nest liegen Buntstifte.
Im linken Nest liegen keine Ostereier.

Schreibe, wem welches Nest gehört und was darin liegt.

Sommerspaß

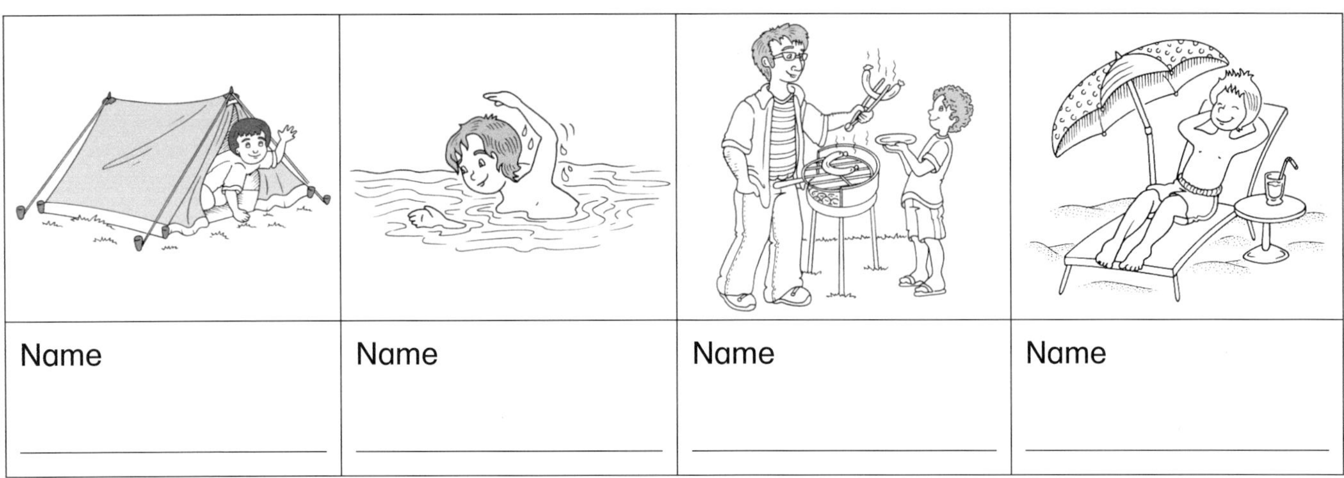

Lars zeltet nicht gern. Er ist sehr sportlich.
Es ist nicht Pelle, der seinem Vater beim Grillen hilft.
Robbi übernachtet nicht gern im Freien.
Ole ist es im Zelt zu stickig, er sonnt sich lieber.

 Schreibe die Namen.

Herbstblätter

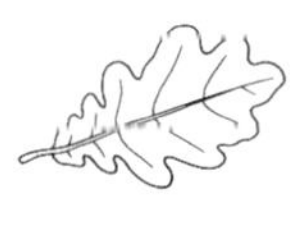

Das Blatt der Kastanie sieht aus wie eine Hand, mit 5 bis 7 Fingern.
Das Blatt der Buche ist eiförmig und hat am Rand kleine Zacken.
Das Blatt der Eiche ist länglich, sein Rand hat leichte Wellen.
Das Blatt des Ahorns hat fünf Zacken, die an eine Hand erinnern.

 Verbinde die Blätter zu den passenden Bäumen.

Herbstfrüchte

	Sie steckt in einer stacheligen Kugel, die im Herbst dann aufspringt.		Eichel
	Sie dreht sich mit beiden Flügeln kreisend zu Boden.		Bucheckern
	Sie stecken immer in einer stacheligen Schale.	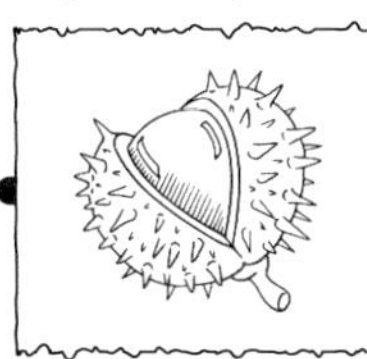	Ahorn Flügelnuss
	Sie steckt in einem Hütchen, aus dem sie im Herbst herausfällt.	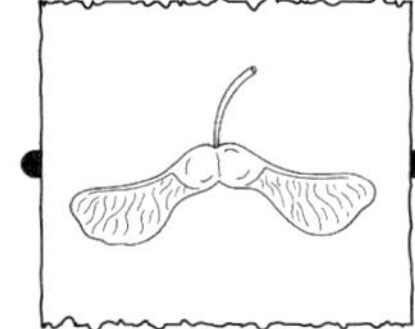	Kastanie

 Verbinde.

Alle feiern Feste

Nach der Karwoche feiern alle Christen ein großes Fest.	Lichterfest
Am Ende des Jahres wird ein schönes jüdisches Fest gefeiert.	Erntedankfest
Im Dezember feiern die Christen ihr schönstes Fest.	Zuckerfest
Im Herbst danken die Menschen für die Ernte des Jahres.	Weihnachten
Alle Menschen begrüßen an diesem Tag das neue Jahr.	Silvester
Moslems feiern nach dem Ramadan ihr größtes Fest.	Ostern

 Verbinde.

1

Klassenliste

Name David	Name Jul'a	Name Gino

Ein Junge hat den 4. Buchstaben des ABCs vorn und hinten im Namen.
Das Mädchen in der Mitte hat drei Selbstlaute im Namen.
Der Name des Jungen rechts fängt mit dem 7. Buchstaben im ABC an.

Schreibe die Namen der Kinder.

2

Jeder kann etwas anderes

Lisa	Leo	Mona	Erik	Maja

Mona kann nicht gut basteln, lesen, malen und singen.
Lisa mag keine Musik, keinen Sport und bastelt nicht gern.
Leo ist sehr kreativ und möchte einmal Grafiker werden.
Maja ist sehr musikalisch. Erik möchte einmal Schreiner werden.

Was kann jeder am besten? Schreibe die Namen der Kinder.

3

Im Schulgarten

Luis	Max	Bettina
harkt Blätter zusammen.	gießt Blumen.	pflanzt einen Strauch.

Der eine Junge wässert die Blumen. Es ist nicht Luis.
Ein Mädchen gräbt ein Loch und pflanzt einen Strauch.
Der andere Junge harkt Blätter zusammen. Es ist nicht Max.
Das Mädchen heißt Bettina.

Male, was die Kinder tun. Schreibe ihren Namen.

4

Pausenspiele

Anja	Nicole	Pascal
klettert gern.	hüpft gern.	rennt gern.

Nicole spielt in den Pausen gern allein.
Anja rennt nicht um die Wette und springt nicht mit dem Seil.
Pascal mag Seilspringen nicht und klettert auch nicht gern.

Schreibe die Namen der Kinder.

5

Die Bus-Fahrkarte

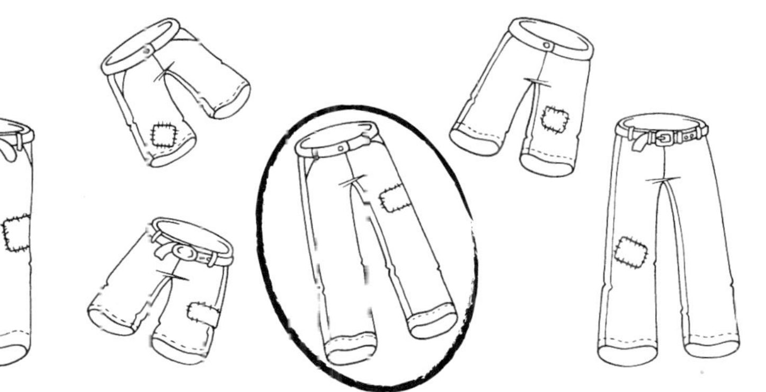

Lea sucht ihre Bus-Fahrkarte. Sie sagt:
„Die Bus-Fahrkarte ist in einer Hosentasche versteckt. Auf einem Hosenbein ist ein Flicken. Der Flicken ist am linken Bein. Die Hose ist nicht kurz und hat keinen Gürtel.“

Wo ist die Bus-Fahrkarte versteckt? Kreise die Hose ein.

6

Unsere Sinne

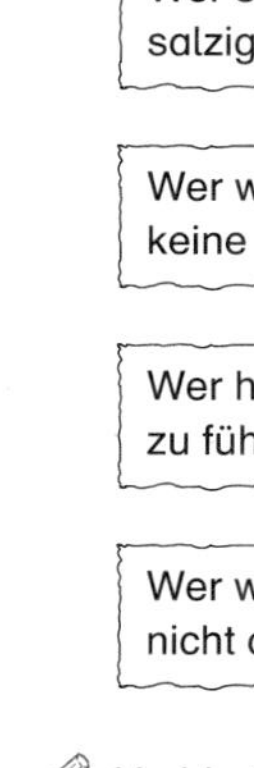

Wer sorgt dafür, dass uns der Wecker morgens wach macht?	(Nase)	der Geruchssinn
Wer sagt uns, ob etwas süß, salzig, bitter oder sauer ist?	(Auge)	der Geschmackssinn
Wer warnt uns davor, dass wir keine saure Milch trinken?	(Ohr)	der Tastsinn
Wer hilft uns, im Dunkeln etwas zu fühlen und zu erspüren?	(Zunge)	der Gehörsinn
Wer warnt uns davor, dass wir nicht auf ein Hindernis laufen?	(Hand)	der Sehsinn

Verbinde.

7

Fantasie-Reisen

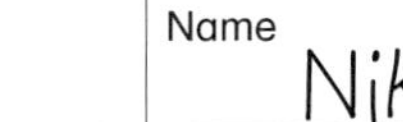

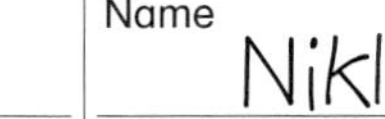

Name	Name	Name
Pia	Paula	Niklas

Pia möchte weder auf einer Insel sein, noch als Riese die Welt umlaufen.
Niklas möchte weder zum Mann im Mond, noch auf eine Insel fahren
Paula möchte weder zum Mond reisen, noch die Welt in Riesenschritten umlaufen.

Wer träumt wovon? Schreibe die Namen der Kinder.

8

Zeit wird gemessen

Kalender	Wecker	Stoppuhr	Sanduhr

Wie schnell du rennst, wird nicht mit einem Kalender gemessen.
Wie Tage, Wochen und das Jahr vergehen, misst nicht die Sanduhr.
Wann du aufstehen musst, sagt dir nicht die Stoppuhr.
Wie viel Zeit du bei manchen Spielen hast, sagt dir nicht der Wecker.

Schreibe auf, wie die Zeit gemessen wird.

9

Ach, du liebe Zeit!

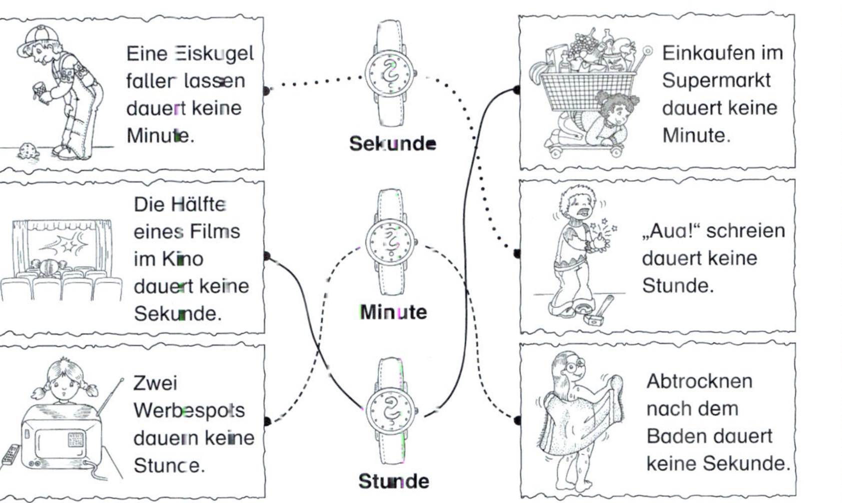

Verbinde zur richtigen Zeit-Einheit.

10

Vorbild Natur

- Es hilft beim Schwimmen.
- Es hilft beim Zusammenkneifen.
- Es kreiselt wie ein Propeller.
- Es schwebt langsam zur Erde.
- Es gleitet gut in der Luft.
- Es schützt vor Nässe und Wind.

Verbinde. Zu jedem Satz passen zwei Bilder.

11

Der neue Schüler

Der Neue hat auf einem Ärmel einen schwarzen Fleck. Er trägt Hosenträger mit dunklen Knöpfen. Auf seiner Hose sind zwei Flicken aufgebügelt. Ein Flicken ist einfarbig und einer ist gestreift. Seine Socken haben keine schwarzen Spitzen.

Kreise den neuen Schüler ein.

12

Manche sind anders

Niki ist blind.	Nora ist schwerhörig.	Ellen ist taubstumm.

Ellen spricht zu ihren Freunden mit den Händen. Sie ist nicht schwerhörig. Niki tastet sich mit einem Stock über die Straße. Er ist nicht taubstumm. Nora trägt einen kleinen Verstärker hinter dem Ohr. Sie ist nicht blind.

Schreibe die Namen der Kinder und welche Behinderung sie haben.

13 In der Bücherei

Buch	Conni	Sams	Findus
Name	Amy	Hanna	Orkan

Das Buch, das Amy ausleiht, steht links im Regal.
Orkan leiht sich weder das Buch „Conni“ noch „Sams“ aus.
Hanna liest weder „Conni“ noch „Findus“.
Orkans Buch steht rechts.

Schreibe die Namen der Kinder und die Titel der Bücher.

14 Pausen-Frühstück

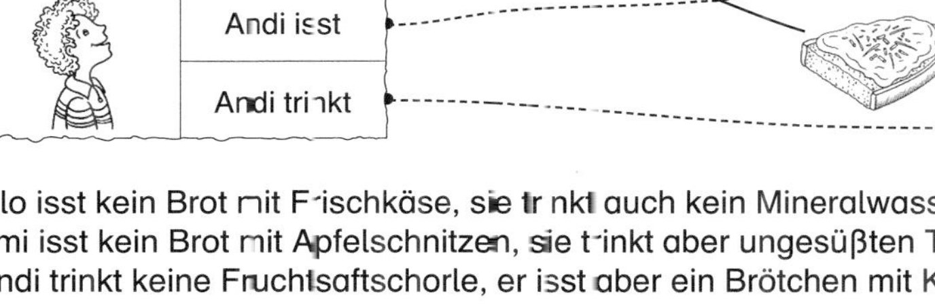

	Lilo isst
	Lilo trinkt
	Irmi isst
	Irmi trinkt
	Andi isst
	Andi trinkt

Lilo isst kein Brot mit Frischkäse, sie trinkt auch kein Mineralwasser.
Irmi isst kein Brot mit Apfelschnitzen, sie trinkt aber ungesüßten Tee.
Andi trinkt keine Fruchtsaftschorle, er isst aber ein Brötchen mit Karotten.

Verbinde, was die Kinder essen und trinken.

15 Krankheitstage

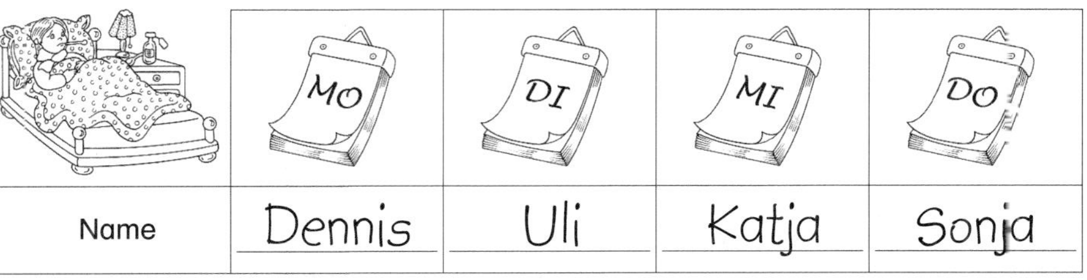

	MO	DI	MI	DO
Name	Dennis	Uli	Katja	Sonja

Dennis lag einen ganzen Tag mit Bauchschmerzen im Bett.
Sonja fehlte am Donnerstag wegen Ohrenschmerzen im Unterricht.
Uli konnte zwei Tage vor Sonja wegen Fieber nicht zur Schule gehen.
Einen Tag nach Uli blieb Katja mit Kopfschmerzen zu Hause.

Schreibe, wer an welchem Tag fehlte.

16 Mensa-Essen

Wochenkarte	
MO	Suppe
DI	Pizza
MI	Spaghetti
DO	Tofuburger
FR	Fischstäbchen

Klasse 2 isst jeden Tag in der Mensa.
Gestern gab es Pizza.
Heute gibt es

Spaghetti .

Morgen essen die Kinder

Tofuburger .

Vorgestern aßen sie

Suppe .

Übermorgen isst die Klasse

Fischstäbchen .

Schreibe auf, was die Kinder jeden Tag essen.

17 Halloween-Basteleien

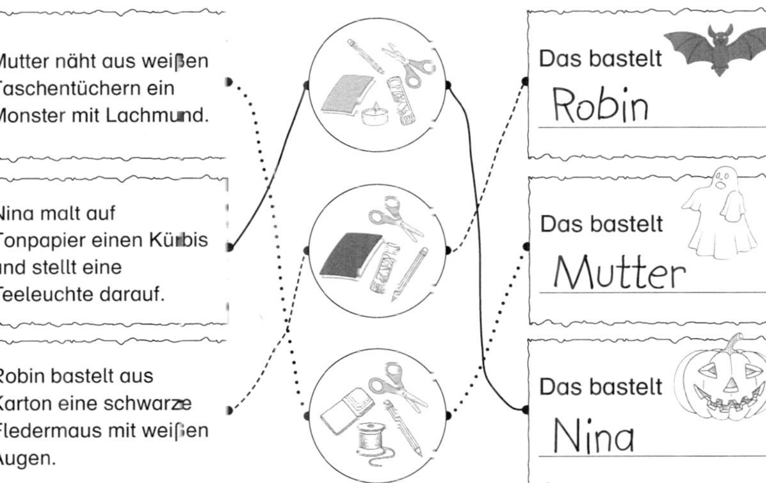

Verbinde und schreibe, we⁻ was bastelt.

18 Ein Geschenk zum Muttertag

rot	grün	blau
Inka kauft Blumen.	Clara sche ıkt Parfüm.	Pit schenkt Pralinen.

Pits Sparschwein ist nicht grün und nic ıt r ɔt. Er kauft Mutter kein Parfüm.
Claras Sparschwein ist nicht rot und nicht ɔlau. Sie kauft keine Pralinen.
Inka kauft ihrer Mu⁻ter Blumen. Ihr Sparschwein ist weder grün noch blau.

Parfüıı

Pr ɔlinen

Blumen

Male die Sparschweinɘ an und schreibe, was die Kinder ihrer Mutter schenken.

19 Ausflug mit dem Rad

Heike und Benni fahren mit ihren Eltern Rad.
Heike fährt hinter Benni.
Vor Benni radelt Mutter.
Mutter fährt nicht als Vorletzte.
Heike fährt vor Vater.
Paco, der Dackel, rennt allen voran.

Kreuze die richtige Reihenfolge an.

20 Manchmal sind wir krank

Tanja geht mit ihrer Mutter zum	Sabine geht mit ihrer Mutter zum	Luba geht mit ihrer M⌐tter zum
Ohrenarzt.	Zahnarzt.	Kinderarzt.

Sabine hat keine Halsschmerzen.
Tanja hat kein Zahnweh.
Luba hat weder Zahnweh noch Ohrenschmerzen.

Ohrenarzt

Zahnarzt

Kinderarzt

Schreibe, zu welchem Arzt die Kinder gehen.

21 Mein Lieblingsspiel

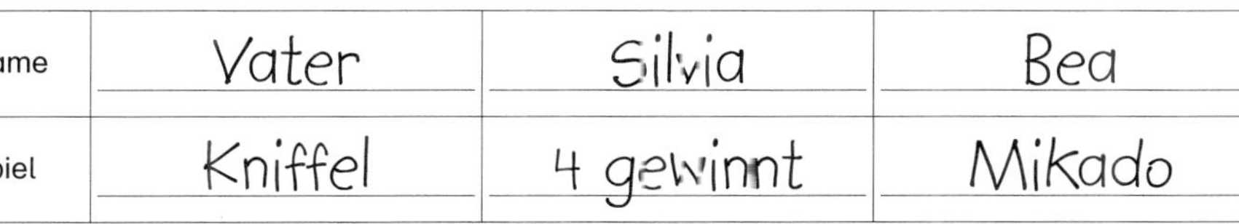

Name	Vater	Silvia	Bea
Spiel	Kniffel	4 gewinnt	Mikado

Vater spielt nicht mit bunten Holzstäben.
Silvia ist nicht links, rechts von ihr ist Bea.
Silvia spielt nicht mit Würfeln und Block.
Vorsichtig hebt Bea einen Stab ab.

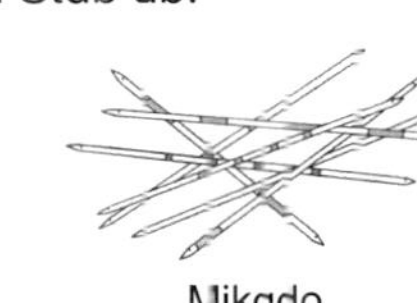
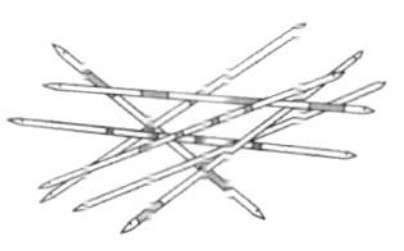
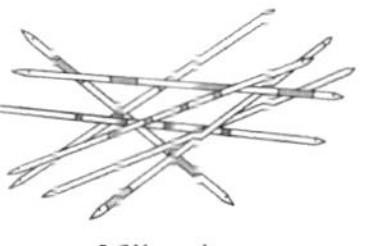

4 gewinnt | Mikado | Kniffel

Schreibe, wer welches Spiel spielt.

22 Schattenspiele

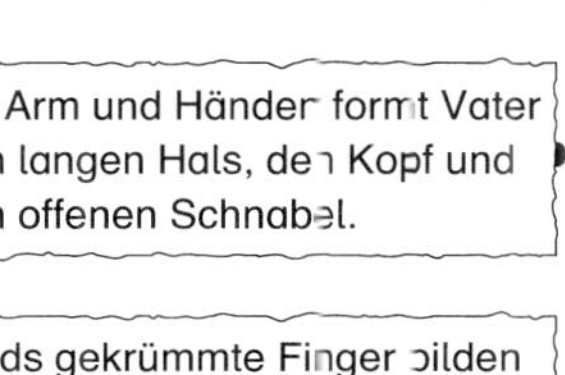

Mit Arm und Händen formt Vater den langen Hals, den Kopf und den offenen Schnabel.

Freds gekrümmte Finger bilden den Kamm. Mit der linken Hand formt er Schnabel und Auge.

Opas Hände bilden fast Fäuste. Ein Daumen formt das Ohr, der andere das Maul.

Mutters rechte Hand formt das Gesicht. Die Finger der linken Hand spreizt sie für das Geweih.

Hirsch | Bulldogge | Gans | Hahn

Verbinde.

23 Haushalt – früher und heute

- zum Säubern und Reinigen der Wäsche
- zum Löschen des Durstes, zum Spülen und zum Kochen
- zum Beheizen während der kalten Jahreszeit
- zum Reinigen von Schmutz und Staub in der Wohnung
- zum Backen und Kochen, für Soßen und Suppen
- zum Erhellen der Dunkelheit am Abend und in der Nacht

Verbinde. Zu jedem Hinweis passen zwei Bilder.

24 Alle packen mit an

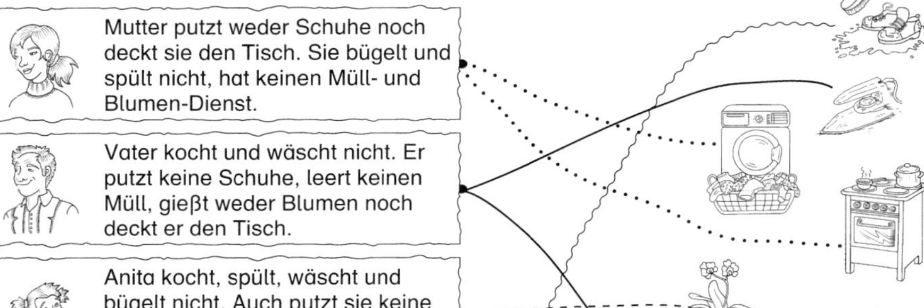

Mutter putzt weder Schuhe noch deckt sie den Tisch. Sie bügelt und spült nicht, hat keinen Müll- und Blumen-Dienst.

Vater kocht und wäscht nicht. Er putzt keine Schuhe, leert keinen Müll, gießt weder Blumen noch deckt er den Tisch.

Anita kocht, spült, wäscht und bügelt nicht. Auch putzt sie keine Schuhe und leert auch nicht den Müll.

Heiko wäscht und bügelt, kocht und spült nicht. Auch deckt er keinen Tisch und gießt auch keine Blumen.

Jeder hat zwei Aufgaben. Verbinde.

25 Jeder hat seine Lieblingsspeise

Name	Mutter	Biggi	Vater	Micha
isst am liebsten				
mag gar nicht	Pizza	Geflügel	Fisch	Pommes

Biggi mag kein Geflügel. Micha sitzt rechts, links von ihm sitzt sein Vater.
Biggi sitzt zwischen Vater und Mutter.
Micha mag keine Pommes. Mutter kann Pizza nicht riechen.
Vom Fisch wird Vater schlecht.

Schreibe die Namen und was jeder am liebsten mag.

27 Städte-Reisen

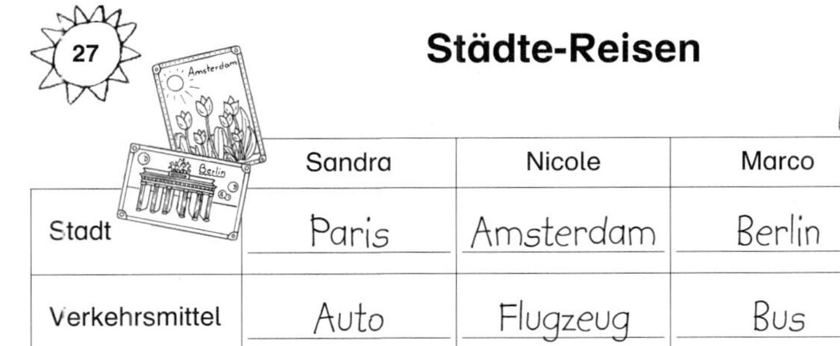

	Sandra	Nicole	Marco	Luis
Stadt	Paris	Amsterdam	Berlin	London
Verkehrsmittel	Auto	Flugzeug	Bus	Zug

Sandra macht mit dem Auto Urlaub, aber nicht in Berlin.
Nicole fährt weder mit Bahn noch mit Bus nach Amsterdam.
Marco nimmt weder den Zug noch das Flugzeug nach Berlin.
Luis fliegt nicht mit dem Flugzeug nach London.

Flugzeug

Bus

Zug

Auto

Schreibe, wer in welche Stadt reist und mit welchem Verkehrsmittel.

26 Unsere Familie

Ihre Oma heißt Adele.	Ihre Tante heißt Paula.	Ihr Cousine heißt Sabine.
Ihr Opa heißt Karl.	Ihre Onkel heißt Heiner.	Ihr Cousin heißt Stefan.

Romy und Oscar Müller sind Geschwister.

Ihre Eltern heißen Sonja und Jan.
Paula ist die Schwester von Sonja.
Heiner ist der Bruder von Jan.
Die Eltern von Sonja heißen Adele und Karl.
Paula hat eine Tochter namens Sabine.
Heiners Sohn heißt Stefan.

Schreibe die Namen der Familien-Mitglieder.

28 Was Hunde mögen

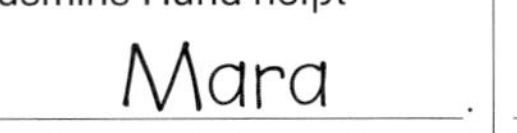

Robertos Hund heißt	Jasmins Hund heißt	Toms Hund heißt
Kalle.	Mara.	Elvis.

Elvis geht nicht gern angeleint, mag keinen Kamm und keine Bürste.
Kalle rennt nicht gern und mag auch nicht, wenn sein Fell gepflegt wird.
Mara geht nicht gern spazieren, mag es aber, wenn ihr Fell schön glänzt.

Schreibe, wie die Hunde heißen.

29 Hunde-Sprache

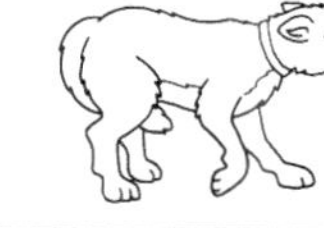

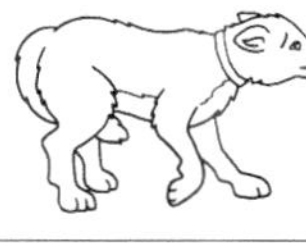

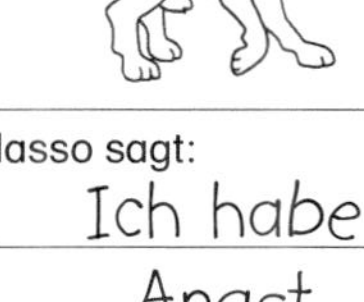

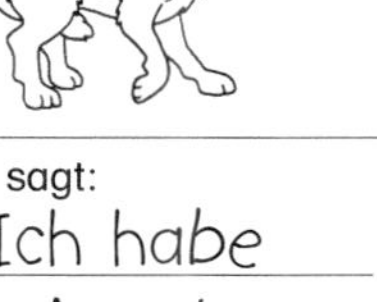
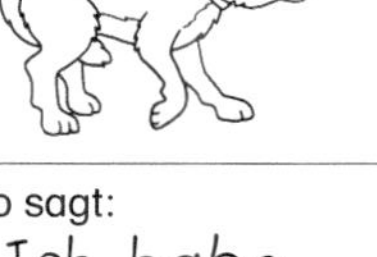

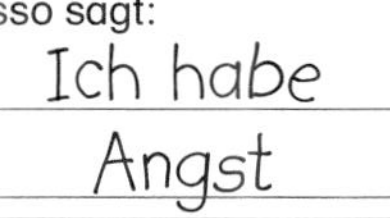
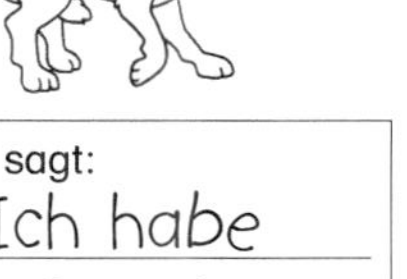

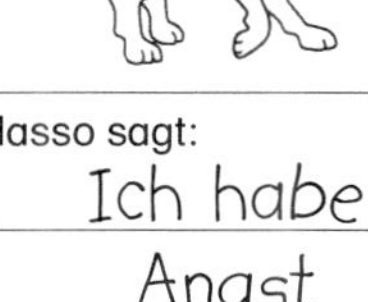
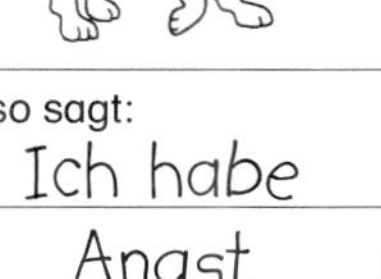

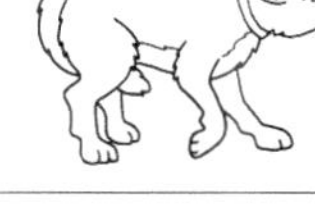

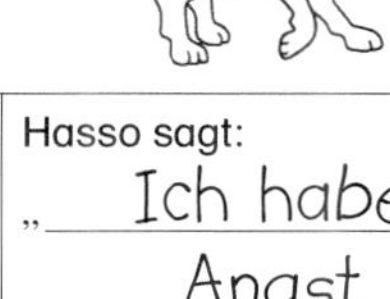
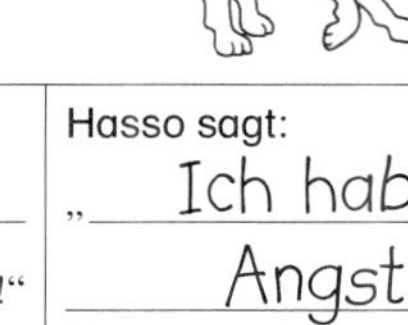
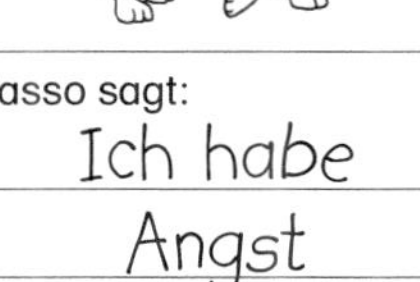

Hasso sagt:	Hasso sagt:	Hasso sagt:
„Spiel mit mir!“	„Pass bloß auf!“	„Ich habe Angst!“

Manchmal fletscht Hasso die Zähne und stellt den Schwanz waagrecht.
Manchmal macht Hasso einen Buckel und zieht den Schwanz ein.
Manchmal springt Hasso hoch und wedelt mit dem Schwanz.

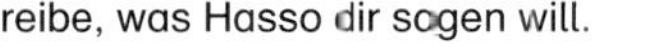
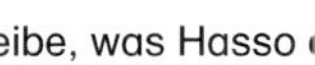
Schreibe, was Hasso dir sagen will.

30 Such-Hunde

Der Hund heißt	Der Hund heißt	Der Hund heißt
Coco.	Bobby.	Lucky.

Coco hat braunes Fell und einen roten Napf. Er sitzt nicht rechts.
Bobby hat schwarzes Fell und einen grünen Napf. Er sitzt in der Mitte.
Das Fell von Lucky ist weiß mit schwarzen Flecken. Sein Napf ist lila.

Schreibe die Namen der Hunde. Male sie und ihre Näpfe an.

31 Helfer des Menschen

Der Hund heißt	Der Hund heißt	Der Hund heißt
Carlo.	Blacky.	Rex.
Er ist ein Blindenhund.	Er ist ein Zollhund.	Er ist ein Suchhund.

Carlo sucht nach einem Erdbeben nicht nach verschütteten Menschen.
Blinde Menschen über die Straße zu führen, ist nicht die Aufgabe von Rex.
Blacky hilft den Zollbeamten bei ihrer Suche nach versteckten Drogen.

Zollhund · Suchhund · Blindenhund

Schreibe, wie die Hunde heißen und um welchen Helferhund es sich handelt.

32 Tierfamilien

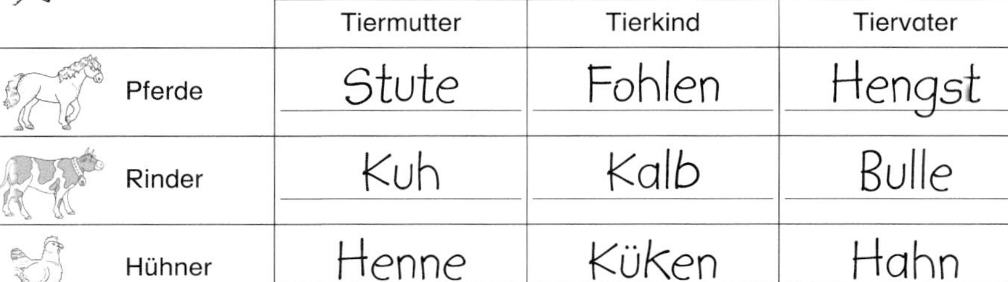

	Tiermutter	Tierkind	Tiervater
Pferde	Stute	Fohlen	Hengst
Rinder	Kuh	Kalb	Bulle
Hühner	Henne	Küken	Hahn

Eine Kuh bekommt ein Kalb.
Der Tiervater des Fohlens heißt Hengst.
Aus den Eiern der Henne schlüpfen Küken.
Der Tiervater ist ein Bulle.
Die Stute bringt das Fohlen zur Welt.
Der Vater vom Küken heißt Hahn.

Schreibe, wie die Tiermutter, das Kind und der Tiervater heißen.

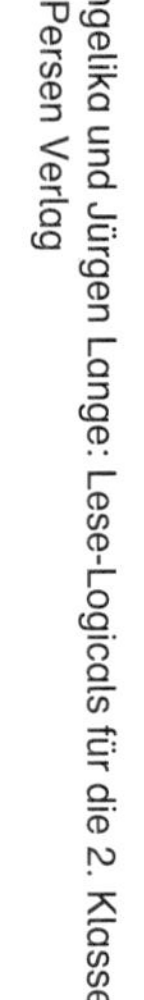

33 Tiere im Wald

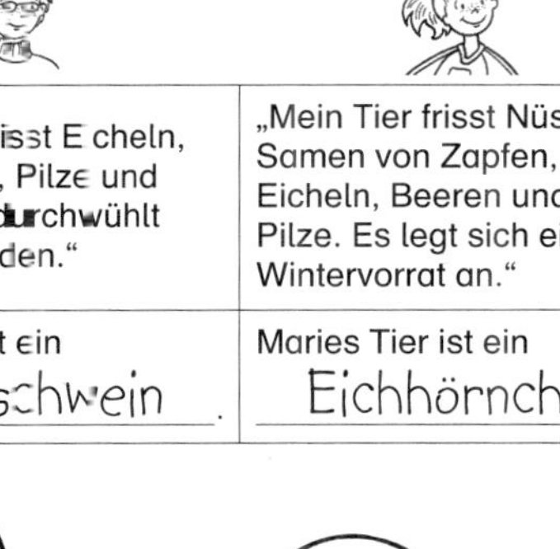

„Mein Tier frisst Gras, Kräuter, Wald- und Feldfrüchte. Es ist sehr scheu. Sein Fell ist braun.“	„Mein Tier frisst Eicheln, Bucheckern, Pilze und Samen. Es durchwühlt den Waldboden.“	„Mein Tier frisst Nüsse, Samen von Zapfen, Eicheln, Beeren und Pilze. Es legt sich einen Wintervorrat an.“
Lenas Tier ist ein Reh.	Udos Tier ist ein Wildschwein.	Maries Tier ist ein Eichhörnchen.

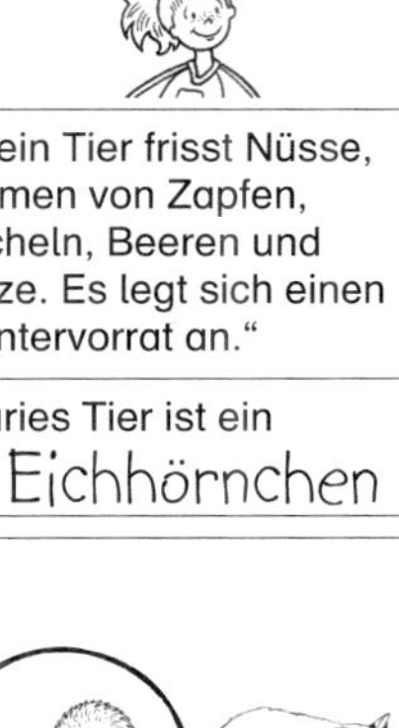

Hase Wildschwein Reh Fuchs Eichhörnchen Dachs

Kreise die Tiere ein und schreibe, wie sie heißen.

34 Im Dino-Park

Er wog mehr als 10 Elefanten. Er war der größte und schwerste Saurier und 23 m lang und 13 m hoch.	Sein Kopf war so lang wie ein Schülertisch. Er hatte Zähne wie Sägeblätter und wog so viel wie 6 Autos.	Ein dicker Knochenpanzer und ein riesiger Knochenschild schützte ihn vor Feinden.
Der Dinosaurier heißt Brachio-saurus.	Der Dinosaurier heißt Tyrannosaurus Rex.	Der Dinosaurier heißt Triceratops.

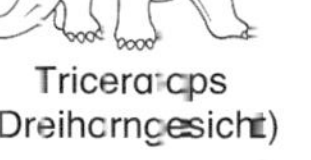

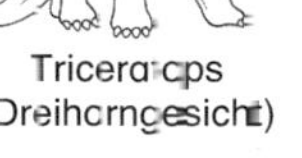

Tyrannosaurus Rex (König der Tyrannen-Echsen) Triceratops (Dreihorngesicht) Brachiosaurus (Arm-Echse)

Schreibe die Namen der Saurier.

35 Lieblingstiere

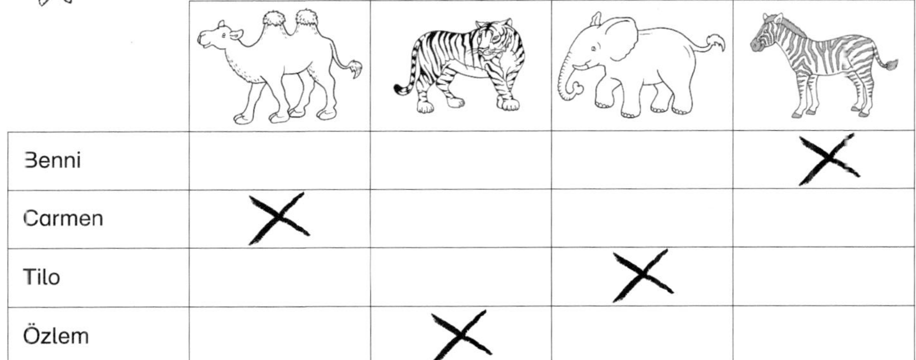

	Kamel	Tiger	Elefant	Zebra
Benni				X
Carmen	X			
Tilo			X	
Özlem		X		

Tilos Lieblingstier ist viel schwerer als das von Carmen.
Özlems Lieblingstier hat Streifen, frisst aber keine Pflanzen.
Nach Bennis Lieblingstier ist der Fußgänger-Überweg benannt.

Wer hat welches Lieblingstier? Kreuze an.

36 Im Streichelzoo

	Mutter	Kirsten	Robert
Tiere	Esel	Rehe	Enten
Futter	Karotten	Eicheln	Brot

Mutter füttert weder die Waldtiere noch die Wassertiere.
Kirsten füttert nicht am See, sie hat Eicheln mitgebracht.
Robert gibt den Tieren keine Karotten, sondern klein geschnittenes Brot.

Rehe Esel Enten

Schreibe, wer welches Tier womit füttert.

37 Tierpfleger Heinz

Heinz trägt einen Eimer.
Er hat einen gestreiften Pulli und eine Latzhose an. Er sitzt nicht und er läuft auch nicht nach links. Er ist weder dick noch dünn.
Heinz trägt einen Bart, er hat keine Brille, aber eine karierte Mütze auf.

✎ Kreise den Tierpfleger Heinz ein.

38 Gemeinsam geht es besser

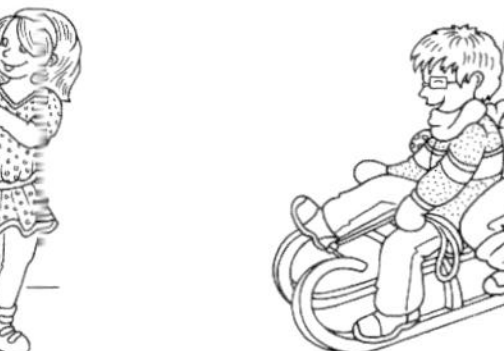

Die zwei Freunde heißen	Die zwei Freunde heißen	Die zwei Freunde heißen
Caro	Anna	Carina
und Hasan.	und Nils.	und Leon.

Caro und Hasan fahren gemeinsam viele Kilometer.
Carina und Leon fahren weder mit dem Fahrrad noch auf Rollen.
Anna und Nils fahren nicht auf Kufen oder Reifen durch den Park.

✎ Schreibe die Namen der beiden Freunde.

39 Was ich mag

Till	Sofia	Alex
mag am liebsten Pop-Musik.	mag am liebsten Blumen.	mag am liebsten Computer.

Sofia mag gern Musik und PC-Spiele, lieber pflanzt sie aber Blumen
Till mag PC-Spiele und Blumen, am liebsten hört er aber Pop-Musik.
Alex mag Blumen und Pop-Musik, am liebsten spielt er aber am Computer.

✎ Schreibe die Namen der Kinder und was sie am liebsten mögen.

40 Trösten

Paul	Max	Kira
tröstet Jenny.	tröstet Laura.	tröstet Ingo.

Ingo weint, weil sein Daumen schmerzt und ganz dick und blau ist.
Jenny weint und hat Schmerzen am Bein, weil sie mit dem Rad gestürzt ist.
Laura schreit vor Schmerzen, weil sie sich die Schulter gezerrt hat.

Paul Max Kira

✎ Wer tröstet wen? Schreibe die beiden Namen.

41 Was wir früher spielten

Mit der Eisenbahn spielte am liebsten	Mit der Ritterburg spielte am liebsten	Mit dem Teddy spielte am liebsten	Mit dem Brettspiel spielte am liebsten
Toni.	Felix.	Jette.	Kim.

Felix spielte als Kind keine Brettspiele, auch nicht mit Plüschtieren.
Ritterspiele waren Kim zu wild, sie mochte Brettspiele und gewann meist.
Jette setzte keine Schienen zusammen und spielte auch nicht mit Rittern.
Toni fand Schmusetiere langweilig, er wollte viel lieber Lokführer sein.

Schreibe die Namen der Kinder

42 Ich lasse mir helfen

Petra	Celine	Leonie
hilft Ida.	hilft Lasse.	hilft Marvin.

Ida hat Angst vor Rechnen. Sie will keine Aufgaben machen.
Lasse soll sein Zimmer aufräumen. Er ist böse auf Mutter.
Marvin will sein Rad reparieren, aber er schafft es nicht.

Petra Celine Leonie

Schreibe die Namen der Kinder.

43 Ein Instrument spielen

Lukas	Steffi	Jannik
spielt Pauke.	spielt Flöte.	spielt Geige.

Steffi spielt kein Streich- und kein Schlaginstrument.
Lukas mit der Brille spielt kein Streich- und kein Blasinstrument.
Jannik haut nicht auf die Pauke und spielt auch keine Flöte.

Flöte Pauke Geige

Schreibe die Namen der Kinder und welches Instrument sie spielen.

44 Einladung zum Kinderfest

Karin feiert	Tabea feiert	Jana feiert
Geburtstag.	Fasching.	Halloween.

Karin malt auf ihre Einladungskarte keinen Kürbis und keinen Clown.
Auf der Einladungskarte von Tabea ist kein Kürbis und kein Kuchen.
Für ihre Karte malt Jana keinen Kuchen und keinen Clown.

Fasching Halloween Geburtstag

Male das passende Bild auf die Karten. Schreibe, zu welchem Fest die Kinder einladen.

45 Nach der Schule

Michelle	Niko	Fatma
Joko	Ben	Oskar

Niko und Ben verbringen ihre Freizeit an der frischen Luft.
Fatma und Oskar spielen weder Fußball, noch lernen sie Noten.
Michelle ist unsportlich, aber sehr musikalisch.
Joko mag keine Ballspiele und hat Angst vor großen Tieren.

Schreibe auf das Plakat, wer in seiner Freizeit was macht.

47 Im Verein

Sportart	Tennis	Fußball	Basketball
Name	Thea	Anne	Nelly
Wie viele Jahre im Verein?	5	3	4

Nelly hat ihr Hobby seit vier Jahren.
Thea wirft den Ball nicht in einen Korb.
Anne berührt den Ball nicht mit der Hand oder dem Schläger.
Anne ist seit drei Jahren, Thea ist schon zwei Jahre länger im Verein.

Schreibe die Namen der Kinder und wie viele Jahre sie schon im Verein sind.

46 Gefühle

- Elif stampft auf den Boden und ballt die Hand zur Faust.
- Kurt strahlt, weil er ein gutes Zeugnis bekommen hat.
- Svea ist unglücklich, weil keiner mit ihr spielt.
- Kati grinst, weil sie Vater in den April geschickt hat.
- Sprachlos reißt Rocco Augen und Mund weit auf.
- Boris krümmt sich vor Lachen über die Späße des Clowns.

- glücklich
- wütend
- verschmitzt
- traurig
- erschrocken
- fröhlich

Verbinde.

48 Wo Kinder wohnen

Antje wohnt in einem Hausboot.	Nuri wohnt in einer Lehmhütte.	Iman wohnt in einem Zelt.
Ihr Haustier ist ein Hund.	Ihr Haustier ist ein Schwein.	Sein Haustier ist ein Kamel.

Imans Familie zieht durch die Wüste. Sein Haustier ist kein Hund.
Antjes Haustier ist kein Schwein. Sie lebt in Holland auf einem Fluss.
Nuri hat kein Kamel und keinen Hund. Sie lebt in einem Dorf in Afrika.

Lehmhütte

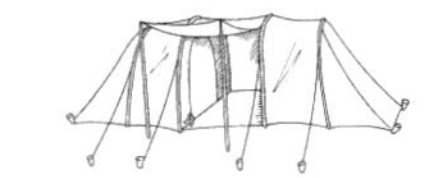
Zelt

Hausboot

Schreibe, wo die Kinder wohnen und welches Tier sie haben.

49 Alle Kinder sagen „Eis“

gelato	ice-crecm	helado

Die Fahne in Spanien ist rot-gelb-rot. Dort heißt es nicht „ice-cream“.
In England heißt es nicht „gelato“ und nicht „helado“.
Die Fahne in Italien ist grün-weiß-rot. Dort heißt es nicht „helado“.
Die englische Fahne ist blau, die inneren Streifen sind rot.

Schreibe, wie „Eis“ in den Ländern heißt, und male die Fahnen an.

50 1, 2, 3 und 4 – klingt immer anders

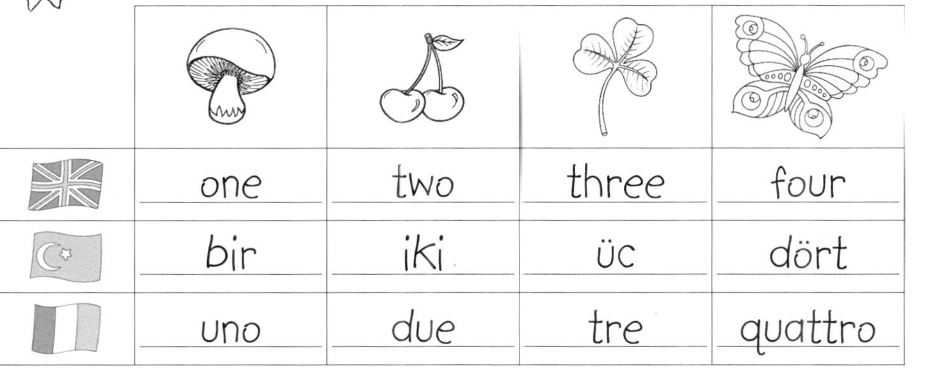

(England)	one	two	three	four
(Türkei)	bir	iki	üc	dört
(Italien)	uno	due	tre	quattro

Italienische Kinder zählen nicht: „one, two, three, four“.
Englische Kinder zählen nicht: „bir, iki, üc, dört“.
In England und in der Türkei sagt man nicht: „uno, due, tre, quattro“.

Schreibe, wie man in den Ländern zählt.

51 Guten Morgen sagen alle

Elif spricht	Bob spricht	Giovanni spricht
türkisch	englisch	italienisch

Bob sagt „Good morning!“. Er spricht weder türkisch noch italienisch.
Elif sagt: „Merhaba!“. Sie spricht weder englisch noch italienisch.
Giovanni ruft: „Buon giorno!“. Er spricht weder englisch noch türkisch.

Schreibe, wie „Guten Morgen“ heißt und welche Sprache jedes Kind spricht.

52 Was wir nicht mögen

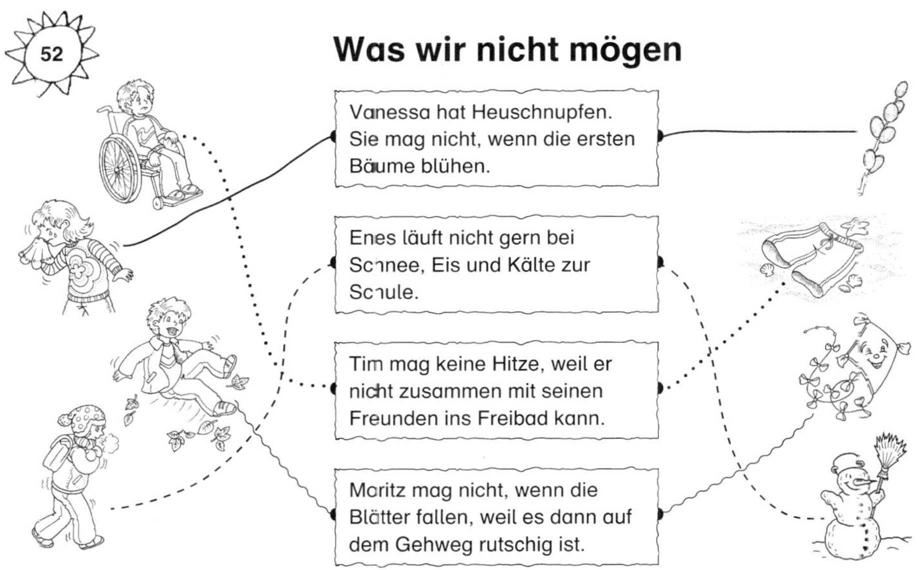

Verbinde die Bilder links und rechts zu den Sätzen.

53 Im Winter

Siska	Corinna	Jan
baut einen Schneemann.	fährt Schlittschuh.	wirft mit Schneebällen.

Siska wirft nicht mit Bällen aus Schnee.
Jan baut keinen Schneemann und fährt auch nicht auf dem Eis.
Corinna mag nicht mit Schnee bauen und nicht mit ihm werfen.

Schreibe die Namen.

54 Lange Wintertage

Manche sausen durch frisch gefallenen Schnee.		Sie erzählen Geschichten.
Manche stechen Formen aus Teig aus.		Sie bauen einen Schneemann.
Manche spielen trotz Kälte mit dem Schnee draußen.		Sie backen Kekse.
Manche freuen sich, wenn aus Wasser Eis wird.		Sie fahren Schlitten.
Manche sitzen zusammen und wollen nicht verlieren.		Sie fahren Schlittschuh.
Manche hören aufmerksam zu und lernen viel dabei.		Sie spielen Spiele.

Verbinde.

55 Faschingsparty

Emre	Mario	Timo
tanzt mit	tanzt mit	tanzt mit
Cora.	Beate.	Mia.

Emre, der Indianer, tanzt nicht mit Mia im Zaubererkostüm.
Mario mit der Perücke tanzt nicht mit der zarten Elfe Cora.
Timo, das Drachenkind, tanzt nicht mit dem Häschen Beate.

Schreibe die Namen der Kinder, die mi einander tanzen.

56 Osternester

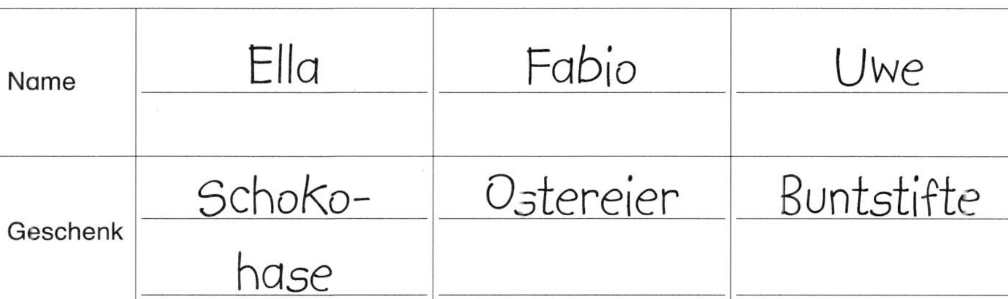

Name	Ella	Fabio	Uwe
Geschenk	Schoko-hase	Ostereier	Buntstifte

In einem Nest liegt ein Schokohase.
Das Nest rechts gehört nicht Ella.
Das Osternest in der Mitte gehört Fabio.
In Uwes Nest liegen Buntstifte.
Im linken Nest liegen keine Ostereier.

Schreibe, wem welches Nest gehört und was darin liegt.

57

Sommerspaß

Name	Name	Name	Name
Pelle	Lars	Robbi	Ole

Lars zeltet nicht gern. Er ist sehr sportlich.
Es ist nicht Pelle, der seinem Vater beim Grillen hilft.
Robbi übernachtet nicht gern im Freien.
Ole ist es im Zelt zu stickig, er sonnt sich lieber.

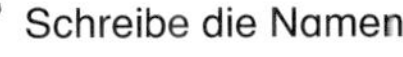 Schreibe die Namen

59

Herbstfrüchte

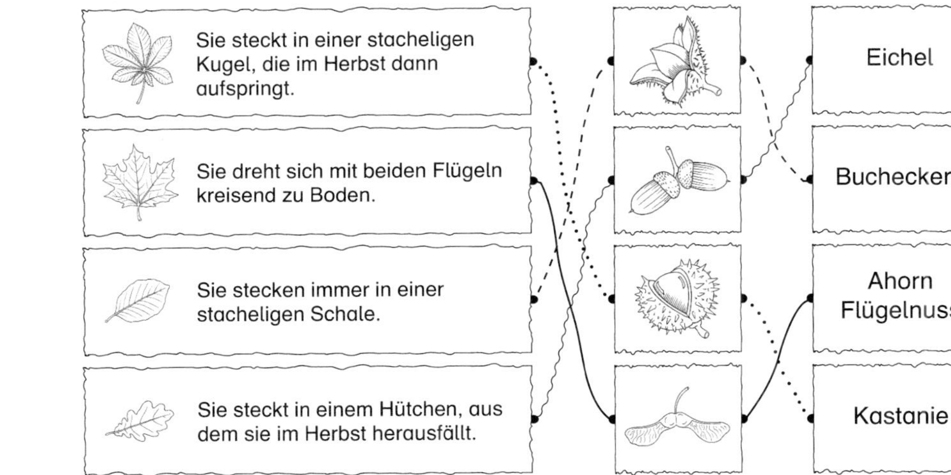

Verbinde.

58

Herbstblätter

Eiche | Ahorn | Euche | Kastanie

Das Blatt der Kastanie sieht aus wie eine Hand, mit 5 bis 7 Fingern.
Das Blatt der Buche ist eiförmig und hat am Rand kleine Zacken.
Das Blatt der Eiche ist länglich, sein Rand hat leichte Wellen.
Das Blatt des Ahorns hat fünf Zacken, die an eine Hand erinnern.

 Verbinde die Blätter zu den passenden Bäumen.

60

Alle feiern Feste

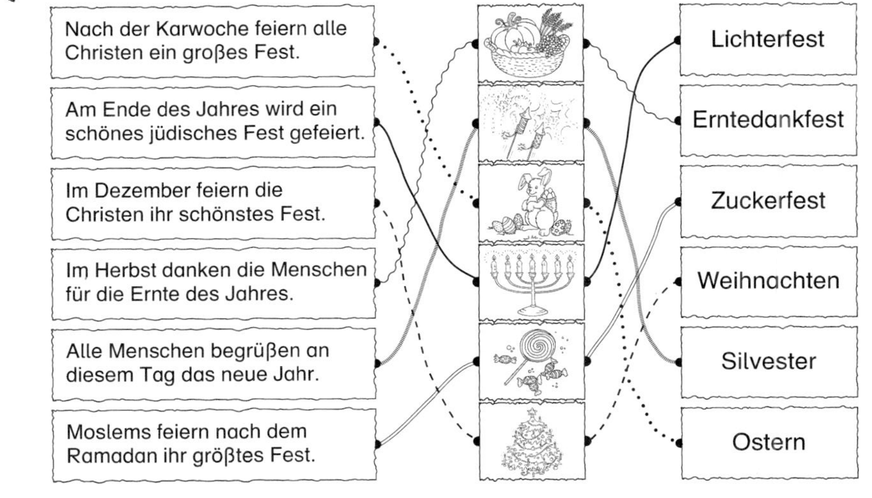

Verbinde.